D1179322

THE LIBRARY
WRITTLE COLLEGE
CHELMSFORD CM1 3RR

3 3012 00069 8179

VARIATIONS FLORALES
FLORAL VARIATIONS

VARIATIONS FLORALES

FLORAL VARIATIONS

Académie Florale Européenne
European Floral Academy

CONNAISSANCE ET MEMOIRES

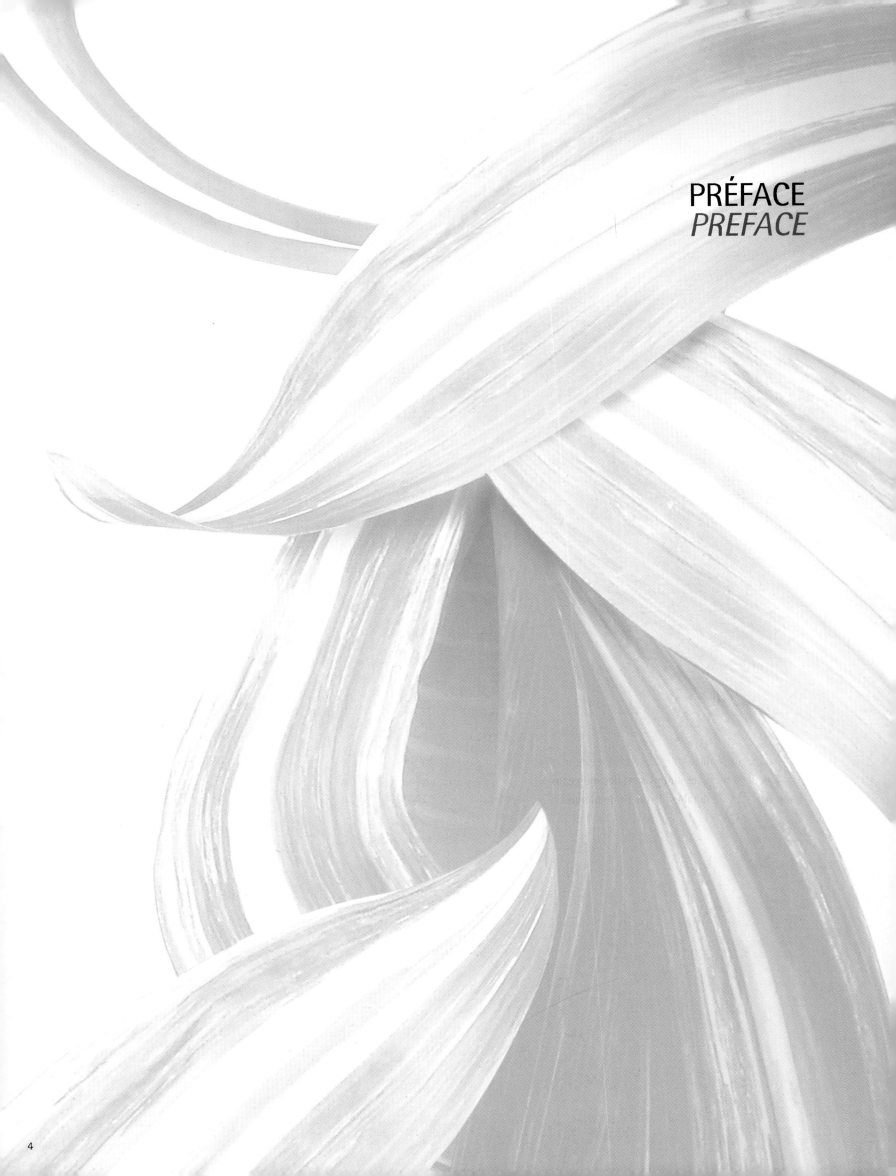

PRÉFACE
PREFACE

Réflexion sur l'Art Floral

Un vieux jardinier de la Beauce m'a dit un jour
« J'ai été heureux d'exercer un des plus beaux métiers
du monde, celui des jardins ». Puis avec un sourire,
il ajouta « Toutefois, j'en ai trouvé deux autres aussi
extraordinaires : celui de l'Art Floral et la poésie des
fleurs ». Il avait raison...

« Sois satisfait des fleurs,
des fruits, même des feuilles,
Si c'est dans ton jardin à toi que tu les cueilles ».
(Edmond Rostand)

Les fleurs sont belles simplement.
Ce sont les dernières tâches du Paradis terrestre.
Puis les assembler, les habiller pour les rendre plus
élégantes, les organiser entre elles pour les faire chanter
dans les rêves de ceux qui les regardent, c'est l'art
floral. Et j'admire ces artistes qui créent, qui imaginent
les arrangements d'un univers enchanté.

Et tout le monde chante avec Paul Delmet :

« Pour vous obliger de penser à moi
D'y penser souvent, d'y penser encore,
Voici quelques fleurs, bien modeste envoi,
De très humbles fleurs qui viennent d'éclore».

L'art floral, c'est en réalité l'art de faire voyager
les cœurs, afin d'embellir les jours.

Et c'est une autre façon de séduire, en donnant
raison au vieux jardinier de la Beauce : les fleurs sont
la poésie de la terre, les jardins sont des morceaux
du paradis, et l'art floral est le talent de Merlin
l'Enchanteur et « que pour vous les heures soient
des roses sur la tige du temps».

Michel COINTAT
Ancien Ministre
Ancien Président de l'Académie d'Agriculture

Thoughts About Floral Art

An elderly gardener from la Beauce* once said to me
«I was happy to have choosen the most rewarding
profession in the world : gardening». Then, smiling, he
added «However I found two other ones just as
extraordinary : Flower Art and poetry about flowers».
He was right...

« Flowers, fruits,
even leaves will make you happy,
If you pick them up in your own garden ».
(Edmond Rostand)

Flowers are simply beautiful. They are the last creations of
Paradise on earth. Choose them, gather them, arrange
them to enhance their beauty, to make people dream, this
defines Floral Art. And I admire those artists who conceive
and create those arrangements from an enchanted world.

So everyone may sing along Paul Delmet's song:

«To make you think of me
Think often, think more,
Here are a few flowers, modest present,
Humble flowers that just blossomed».

Floral Art is really the art of making your heart wander
and your days beautiful.

This is another way to seduce, which shows that the
elderly gardener from la Beauce was right: flowers are
poems on earth, gardens are pieces of Paradise and Floral
Art is Merlin's magic so that for us « hours become roses
on the stem of time».

*La Beauce: well known rich farming area in France,
famous for its huge wheat fields.

Michel COINTAT
Former Minister
Former President of the Academy of Agriculture

INTRODUCTION
INTRODUCTION

L'Académie Florale Européenne

L'Académie Florale Européenne présente son premier ouvrage de bouquets avec la participation de nombreux enseignants européens : belges, italiens, français en soulignant une présence américaine appréciable.

Nos critères sont identiques et notre but commun. La création, le souci de l'esthétique sont les principales motivations pour présenter ensemble des compositions nouvelles souhaitant répondre aux évolutions constantes.

A l'opulence incomparable des bouquets traditionnels fait place le dépouillement ; à l'exubérance, la sobriété ; au charme, la force et l'abstraction. Les bouquets modernes et les bouquets sculptures respectent toutefois les règles fondamentales de l'art floral.

Pour la première fois nous tentons une sympathique rencontre florale internationale grâce à l'enthousiasme et à la disponibilité de nos amis, unis par la même passion et toujours en quête de la beauté par les végétaux.

Cette expérience, source d'amitié, ne peut être qu'enrichissante pour tous.

The European Floral Academy

The European Floral Academy is publishing its first book on floral arrangements, with the collaboration of many European professors, Belgian, Italian, French, enlarged to a king American participation.

We have the same goal and criteria. Creativity, aesthetic achievement are the main motivations to present together new arrangements answering a constant evolution.

Simplicity replaces the incomparable wealth of traditional arrangements, purity replaces exuberance, strength and abstraction replace a charming design. Nevertheless modern arrangements and sculptural arrangements follow the same basic principles of flower arranging.

For the first time we try an international floral friendly gathering thanks to the enthusiasm and the availability of our friends linked by the same passion and search of beauty through plant material source of friendship, this experience is rewarding for everyone.

Jacqueline BOGRAND
Président

Monique GAUTIER
Vice-Présidente

Danièle ESPINASSE
Vice-Présidente

7

Présentation de L'Académie Florale Européenne

BUT :

Promouvoir et encourager au niveau européen et international l'art floral et tous les moyens de mettre en valeur les végétaux. Favoriser les rencontres, les échanges et les travaux en commun.

1°) **Délivrer** des certifications de niveaux pour amateurs, détenteurs de diplômes nationaux ou de connaissances florales équivalentes : création d'un **Master européen** en art floral, **sans oral**, afin de ne pas défavoriser ou pénaliser les candidats ne maîtrisant pas la langue française ou anglaise (langues dans lesquelles seront publiés les documents).

2°) Organiser :

- des recyclages, des séminaires ainsi que des voyages avec la participation de responsables étrangers : étude, analyse, comparaison des enseignements et arrangements floraux.

- rencontres internationales ou nationales en France et à l'étranger pour tous ceux ayant acquis un niveau floral technique et créatif reconnu.

3°) **Éditer** des publications nationales ou européennes, établir un calendrier européen.

Il s'agit de complémentarité avec les différentes initiatives déjà existantes en Europe qui doivent perdurer dans leur spécificité.

L'Europe étant à l'ordre du jour en tous domaines il est essentiel d'œuvrer en direction des nouveaux arrivants en leur proposant en étroite collaboration, dans un esprit d'équipe, une structure européenne polyvalente.

Presentation of the European Floral Academy

PURPOSE:

To promote and encourage flower arranging and all means to emphasize the use of plant materialat ay a European and international level, to promote and encourage mettings, exchanges and works in common.

The key objectives will be as follows:
1°) *To deliver* proficiency certificates for amateurs, holders of national diplomas or equivalent flower knowledge: creation of a *Master Degree* in floral art, *no oral* examination required in order not to disfavour or penalize candidates who would not be fluent in French or English languages (languages in which be published the documents).

2°) *Tu organize:*
workshops and seminars, to propose trips and tours with the participation of foreign head officers, in ordre to'study, analyse and compare the different ways of teaching flower arranging.

National or international meetings in France or abroad for all those who already have acqujired a well known technical level of knowledge and competence in floral art.

3°) *To publish* national and European materials and to issue a European calendar of events (in this case please send us the dates of your major activities).

Our goal is to organize an original complementary program with the existing European organisms that must carry on their own particular activities.

Europe being evet present in all fields, we consider essential to be pro-active towards new comers by offering them a constructive team work within a European multivalent structure.

Réalisation technique et artistique
Technical collaboration and artistic production.
Jacqueline BOGRAND
Danièle ESPINASSE
Monique GAUTIER
Cathy ROULLEAU

Administration/Administration
Jeanne MEVIL-BLANCHE
Isabelle PETITPONT

Communication/Public relation
Nhung NGUYEN DUY

Coordination/Coordination
Marie-Alice SINATTI

Traduction/English translation
Danièle ESPINASSE

Botanique/Plant identification
Monique LARHER

Avec le concours de nombreux enseignants européens et américains
et la collaboration des membres fondateurs de l'Académie Florale Européenne.
With the participation of many European and American professors
and the collaboration of the founders of the European Floral Academy.

Photographes/Photographs by

France : Patrick HUSSENET
(excepté pages 73 et 79 Luc SANDRA – Revel)

Belgique/Belgium : Annika INGELAERE

Italie/Italy : Tiziano ARICI - Brescia
Paolo BERNARDI - Milano
Roberto COGGIOLA
Guido BOSCARIOL - Genova
Roberto GENNARI - Milano
Studio IRIS COLOR - Perugia
Antonella FOTO KRONOS - Bologna
POLLERI - Savona
Ramiro ROSOLANI - Genova
USA : Tiffany et Tony ANZELMO - Chicago

Académie Florale Européenne/European Floral Academy
29, boulevard Suchet - 75016 Paris
Tél. : 01.42.88.16.54 – Fax : 01.45.24.23.78
E.mail : a-f-e@tiscali.fr
Site internet : http://a-f-e.chez.tiscali.fr

Editions/Publishing

CONNAISSANCE ET MÉMOIRES
83, boulevard Saint Michel - 75005 PARIS
Tél. : 01.43.25.99.14 - Fax : 01.43.25.89.08

Tous droits de traduction, d'adaptation et de reproduction
par tous procédés, réservés pour tous pays.
Toute reproduction ou représentation intégrale ou partielle,
par quelque procédé que ce soit, des pages publiées dans le présent ouvrage,
faite sans autorisation de l'éditeur, est illicite et constitue une contrefaçon
(Art. L. 122-4, L.122-5 et 335-2 du Code de la propriété intellectuelle).

ISBN : 291447332X
Dépôt légal : Mars 2006
Achevé d'imprimer en Mars 2006
Création et réalisation
DESGRANDCHAMPS SA

Sommaire
Summary

1

2

VARIATION SUR UN VÉGÉTAL,
VARIATION ON A GIVEN PLANT MATERIAL

• 1
Colette Sichet
Atelier d'Art Floral de Malmaison - France
Chamaedorea *(Arecaceae)* - Dendranthema *(Asteraceae)*

• 2
Colette Sichet
Atelier d'Art Floral de Malmaison - France
Chamaedorea *(Arecaceae)* - Celosia cristata *(Amaranthaceae)*

VARIATION SUR VASES TRANSPARENTS,
VARIATION ON GLASS CONTAINERS

• 3
Monique Gautier
E.F.D.F Paris - France
Phoenix canariensis *(Palmae)* - Hosta *(Hostaceae)*

• 4
Monique Gautier
E.F.D.F Paris - France
Phoenix canariensis *(Palmae)* - Hosta *(Hostaceae)*

4

3

5

VARIATION SUR VASES TRANSPARENTS,
VARIATION ON GLASS CONTAINERS

• 5
Jacqueline Bogrand
A.F.E. Paris – France
Papaver orientale *(Papaveraceae)*

VARIATION SUR UN VÉGÉTAL,
VARIATION ON A GIVEN PLANT MATERIAL

• 6
Michèle Enel
Atelier de Mougins - France
Agave americana *(Agavaceae)* - Phormium tenax *(Phormiaceae)*

6

7

VARIATION SUR UN VÉGÉTAL,
VARIATION ON A GIVEN PLANT MATERIAL

• 7
Monique Gimenez
Bouquets d'Occitanie Revel - France
Agave americana *(Agavaceae)* - Pandanus veitchii *(Pandanaceae)*
Monstera deliciosa *(Araceae)*

• 8
Monique Gimenez
Bouquets d'Occitanie Revel - France
Agave americana *(Agavaceae)* - Echeveria secunda *(Crassulaceae)*

8

9

10

VARIATION SUR UN VÉGÉTAL,
VARIATION ON A GIVEN PLANT MATERIAL

• 9
Erina Calcagno
I.I.D.F.A - E.D.F.A. Sanremo - Italie
Photo : Ramiro Rosolani Genova
Helianthus annuus *(Asteraceae)* - Alocasia macrorrhiza *(Araceae)*
Chamaerops humilis *(Arecaceae)*

• 10
Renata Negro
I.I.D.F.A. - E.D.F.A. Sanremo - Italie
Photo : Ramiro Rosolani Genova
Alocasia macrorrhiza *(Araceae)* - Helianthus annuus *(asteraceae)* - Palmae

11

VARIATION SUR UN VÉGÉTAL,
VARIATION ON A GIVEN PLANT MATERIAL

• 11
Rosnella Cajello Fazio
I.I.D.F.A - E.D.F.A. Sanremo - Italie
Photo : Ramiro Rosolani Genova
Strelitzia augusta *(Strelitziaceae)* - Helianthus annuus *(Asteraceae)*

13

12

VARIATION SUR UN VÉGÉTAL,
VARIATION ON A GIVEN PLANT MATERIAL

● 12
Colette Bel
Fleur Evasion Rexpoëde - France
Salix viminalis *(Salicaceae)* - Zantedeschia aethiopica *(Araceae)*

● 13
Colette Bel
Fleur Evasion Rexpoëde - France
Salix viminalis *(Salicaceae)* - Paeonia suffruticosa 'Genioraku' *(Paeoniaceae)*

14

VARIATION SUR UN VÉGÉTAL,
VARIATION ON A GIVEN PLANT MATERIAL

● 14
Colette Bel
Fleur Evasion Rexpoëde - France
Salix viminalis *(Salicaceae)* - Paeonia suffruticosa 'Genioraku' *(Paeoniaceae)*

VARIATION SUR LIGNE COURBE,
VARIATION ON A CURVE LINE

● 15
Shigeko Matsuda Douieb
E.F.D.F Paris - France
Cissus rhombifolia *(Vitaceae)*
Rosa *(Rosaceae)*

15

16

17

VARIATION SUR LIGNE COURBE,
VARIATION ON A CURVE LINE

• 16
Jacqueline Bogrand
A.F.E. Paris - France
Pandanus *(Pandanaceae)* - Xanthorrhoea australis *(Xanthorrhoeaceae)*
Carludovica palmata *(Cyclanthaceae)*

• 17
Christine Sol
Floramy Nantes - France
Aristea confusa *(Iridacece)*

VARIATION SUR UN VÉGÉTAL,
VARIATION ON A GIVEN PLANT MATERIAL

• 18
Mit Ingelaere
Lembeke - Belgique
Photo : Annika Ingelaere
Salix matsudana 'tortuosa' *(Salicaceae)*
Fargesia dracocephalum *(Poaceae)*
Begonia *(Begoniaceae)*

• 19
Mit Ingelaere
Lembeke - Belgique
Photo : Annika Ingelaere
Hydrangea macrophylla *(Hydrangeaceae)*
Fargesia dracocephalum *(Poaceae)*

18

19

20

VARIATION SUR ONDULATION,
VARIATION ON "WAVES"

• 20
Paulette Froidbise
Belgique
Photo : Annika Ingelaere
Hydrangea macrophylla *(Hydrangeaceae)*
Phormium tenax
Cucurbita maxima *(Cucurbitaceae)*

• 21
Mit Ingelaere
Lembeke - Belgique
Photo : Annika Ingelaere
Salix matsudana 'tortuosa' *(Salicaceae)*
Algues

21

22

VARIATION SUR UNE COULEUR,
VARIATION ON A COULOUR

• 22
Liliane Labarrière
Art et bouquets d'Avranches - France
Zantedeschia aethiopica *(Araceae)*
Hosta sieboldiana 'elegans' *(Hostaceae)*

• 23
Hannelore Billat
A.F.E. Paris - France
Salix viminalis *(Salicaceae)* - Zantedeschia aethiopica *(Araceae)*
Galax aphylla *(Diapensiaceae)*
Thuja occidentalis *(Cupressaceae)*

VARIATION SUR UNE COULEUR,
VARIATION ON A COULOUR

- 24
Isabelle Petitpont
A.F.E. Paris - France
Celosia cristata *(Amaranthaceae)*
Capsicum annuum *(Solanaceae)*
Ficus carica *(Moraceae)* - Cordyline terminalis *(Agavaceae)*
Xanthorrhoea australis *(Xanthorrhoeaceae)*

- 25
Isabelle Petitpont
A.F.E. Paris - France
Dianthus caryophyllus *(Caryophyllaceae)*
Ranunculus asiaticus 'Green success' *(Ranunculaceae)*
Aristea confusa *(Iridaceae)*

- 26
Shigeko Matsuda Douieb
E.F.D.F. Paris - France
Rosa *(Rosaceae)*

27

VARIATION SUR UN VÉGÉTAL,
VARIATION ON A GIVEN PLANT MATERIAL

● 27
Jacqueline Bogrand
A.F.E. Paris - France
Zantedeschia aethiopica *(Araceae)* - Anthurium andreanum *(Araceae)*

28

VARIATION SUR UN VÉGÉTAL,
VARIATION ON A GIVEN PLANT MATERIAL

• 28
Jacqueline Bogrand
A.F.E. Paris - France
Zantedeschia aethiopica *(Araceae)* - Anthurium 'Brownii *(Araceae)*

29

VARIATION SUR LE TRIANGLE,
VARIATION ON A TRIANGLE

• 29
Mariella Giavotto
I.I.D.F.A - E.D.F.A. Genova - Italie
Photo : Ramiro Rosolani Genova
Castanea sativa *(Fagaceae)* - Euphorbia resinifera *(Euphorbiaceae)*
Cocos nucifera *(Arecaceae)* - Cladonia alpestris *(Cladioniaceae)*

• 30
Loly Marsano
I.I.D.F.A. - E.D.F.A. Genova - Italie
Photo : Ramiro Rosolani Genova
Roystonea *(Arecaceae)*

30

31

VARIATION SUR LE TRIANGLE,
VARIATION ON A TRIANGLE

• 31
Gin Rebaudi
I.I.D.F.A - E.D.F.A. Genova - Italie
Photo : Ramiro Rosolani Genova
Agave ferox *(Agavaceae)* - Phyllostachys (Poaceae)

VARIATION SUR LE MÊME VASE,
VARIATION ON THE SAME CONTAINER

• 32
Cathy Roulleau
A.F.E. Paris
Lilium longiflorum *(Liliaceae)*
Syzygium aromaticum *(Myrtaceae)*
Illicium verum *(Illiciaceae)*

32

33

VARIATION SUR LE MÊME VASE,
VARIATION ON THE SAME CONTAINER

• 33
Cathy Roulleau
A.F.E. Paris- France
Papaver nudicaule *(Papaveraceae)*
Hyacinthus orientalis *(Hyacinthaceae)*

34

• 34
Cathy Roulleau
A.E.F. Paris - France
Cyperus alternifolius *(Cyperaceae)*
Hyacinthus orientalis (Hyacinthaceae)
Anthurium andreanum (Araceae)

35

VARIATION SUR UNE FORME GÉOMÉTRIQUE,
VARIATION ON A GEOMETRIC SHAPE

• 35
Anna Trucco
Genova - Italie
Photo : Guido Boscariol Genova
Spatiphyllum *(Araceae)*

36

VARIATION SUR UNE FORME GÉOMÉTRIQUE,
VARIATION ON A GEOMETRIC SHAPE

• 36
Anna Trucco
Genova - Italie
Photo : Guido Boscariol Genova
Phormium tenax *(Phormiaceae)* - Malus *(Rosaceae)*

38

VARIATION SUR UN MÊME VASE,
VARIATION ON THE SAME CONTAINER

• 37
Bénédicte Noyelle
Club d'Art Floral, Société d'Horticulture de Mâcon - France
Gerbera jamesonii *(Asteraceae)* - Malus pumila *(Rosaceae)*
Capsicum annuum *(Solanaceae)*

• 38
Bénédicte Noyelle
Club d'Art Floral, Société d'Horticulture de Mâcon - France
Curculigo capitulata *(Hypoxidaceae)* - Phoenix roebelenii *(Palmae)*
Musa babisiana *(Musaceae)*

37

VARIATION SUR UN VÉGÉTAL,
VARIATION ON A GIVEN PLANT MATERIAL

• 39
Cathy Roulleau
A.F.E. Paris - France
Yucca gloriosa *(Agavaceae)*
Citrus reticulata 'Clementine' *(Rutaceae)*

• 40
Christine Sol
Floramy Nantes - France
Yucca gloriosa *(Agavaceae)* - Dahlia *(Asteraceae)*

41

42

43

VARIATION SUR UN VÉGÉTAL,
VARIATION ON A GIVEN PLANT MATERIAL

• 41
Jacqueline Bogrand
A.F.E. Paris - France
Asplenium nidus *(Aspleniaceae)* - Acacia dealbata *(Mimosaceae)*

• 42
Jacqueline Bogrand
A.F.E. Paris - France
Pandanus sanderi *(Pandanaceae)* - Narcissus pseudonarcissus *(Amaryllidaceae)*
Acacia dealbata *(Mimosaceae)*

• 43
Jeanne Mévil-Blanche
A.F.E. Paris - France
Asplenium nidus *(Asplen·aceae)* - Allium giganteum *(Alliaceae)*
Ranunculus asiaticus 'Green Success' *(Ranunculaceae)*
Xanthorrhoea australis *(Xanthorrhoeaceae)*
Acacia dealbata, *(Mimosaceae)*

44

VARIATION SUR UN VÉGÉTAL,
VARIATION ON A GIVEN PLANT MATERIAL

● 44
Monique Gimenez
Bouquets d'Occitanie Revel - France
Pandanus sanderi *(Pandanaceae)*
Farfugium japonicum *(Asteraceae)*
Leucospermum cordifolium *(Proteaceae)*

● 45
Monique Larher
A.F.E. Paris - France
Zantedeschia aethiopica *(Araceae)*
Pandanus sanderi *(Pandanaceae)*
Gomphocarpus fruticosus *(Asclepicdaceae)*
Hosta *(Hostaceae)*

45

VARIATION SUR FORME GÉOMÉTRIQUE,
VARIATION ON A GEOMETRIC SHAPE

• 46
Francine Wautelet
Hannut - Belgique
Photo : Annika Ingelaere
Anthurium andreanum *(Araceae)*
Iris germanica *(Iridaceae)*

• 47
Francine Wautelet
Hannut - Belgique
Photo : Annika Ingelaere
Papaver nudicaule *(Papaveraceae)*
Hydrangea macrophylla *(Hydrangeaceae)*

47

VARIATION SUR LES MÊMES VÉGÉTAUX,
VARIATION ON THE SAME PLANT MATERIALS

• 48
Maria Masera
S.I.A.F. Milano – Italie
Photo : Roberto Gennari – Milano
Ochroma lagopus *(Bombacaceae)* – Gerbera jamesonii *(Asteraceae)*

• 49
Dedi Galli
S.I.A.F. Milano – Italie
Photo : Roberto Gennari – Milano
Gerbera jamesonii *(Asteraceae)* – Ochroma lagopus *(Bombacaceae)*

49

48

50

VARIATION SUR VOLUTES,
VARIATION ON CURLS

• 50
Jacqueline Bogrand
A.F.E. Paris - France
Phormium tenax 'Atropurpureum' *(Phormiaceae)*
Hosta *(Hostaceae)*
Paeonia lactiflora *(Paeoniaceae)*

• 51
Jacqueline Bogrand
A.F.E. Paris - France
Ranunculus asiaticus 'Green success' *(Ranunculaceae)*
Anthurium andreanum *(Araceae)*

51

52

VARIATION SUR VOLUTES,
VARIATION ON CURLS

• 52
Monique Gautier
E.F.D.F Paris – France
Calathea 'White Star' *(Marantaceae)* – Jasminum *(Oleaceae)*
Philodendron erubescens *(Araceae)*

53

VARIATION SUR UN MÊME VASE,
VARIATION ON A SAME CONTAINER

• 53
Anna Garibaldi
I.I.D.F.A.- E.D.F.A. Imperia Savona - Italie
Photo : Ramiro Rosolani - Genova
Monstera deliciosa *(Araceae)*
Raphanus sativus 'Sativus' *(Brassicaceae)*

• 54
Alessandra Salvo
I.I.D.F.A.- E.D.F.A. Imperia Savona - Italie
Photo : Ramiro Rosolani - Genova
Phoenix *(Arecaceae)* - Kalanchoe thyrsifolia *(Crassulaceae)*
Sempervivum *(Crassulaceae)*

54

VARIATION SUR UN MÊME VASE,
VARIATION ON A SAME CONTAINER

- 55

Anna et Carla Barbaglia
I.I.D.F.A.- E.D.F.A. Imperia Savona - Italie
Photo : Ramiro Rosolani - Genova
Anthurium andreanum *(Araceae)*
Dicksonia antarctica *(Dicksoniaceae)*
Furcraea foetida 'Variegata' *(Agavaceae)*
Hydrangea paniculata *(Hydrangeaceae)*
Peltigera canina

55

56

VARIATION SUR UN VÉGÉTAL, *VARIATION ON A GIVEN PLANT MATERIAL*

● 56
Jocelyne Vuillet
Althea Rosea Brives Charensac - France
Sequoia sempervirens *(Taxodiaceae)* - Helianthus annuus *(Asteraceae)* - cosses

57

VARIATION SUR UN VÉGÉTAL,
VARIATION ON A GIVEN PLANT MATERIAL

• 57
Jocelyne Vuillet
Althea Rosea Brives Charensac – France
Piper nigrum *(Piperaceae)* - Phalaenopsis *(Orchidaceae)* - cosses

• 58
Jocelyne Vuillet
Althea Rosea Brives Charensac – France
Euphorbia lactea (Euphorbiaceae) - cosses

58

59

VARIATION SUR UNE COULEUR,
VARIATION ON A COULOUR

• 59
Colette de Glasyer
A.F.E. Paris - France
Agave americana (Agavaceae)
Aspidistra elatior (Convallariaceae)
Paeonia suffruticosa 'Kikubotan' (Paeoniaceae)

• 60
Marie-Alice Sinatti
A.F.E. Paris - France
Aristea confusa *(Iridaceae)*
Paeonia suffruticosa 'Kikubotan' *(Paeoniaceae)*

60

61

VARIATION SUR UNE COULEUR,
VARIATION ON A COULOUR

• 61
Christa Walton Masters
A.F.E. Paris - France
Cyperus alternifolius *(Cyperaceae)* - Cattleya *(Orchidaceae)*

62

VARIATION SUR UN VÉGÉTAL,
VARIATION ON A GIVEN PLANT MATERIAL

• 62
Jacqueline Bogrand
A.F.E. Paris - France
Iris germanica *(Iridaceae)* - Spathiphyllum *(Araceae)*

63

VARIATION SUR UN VÉGÉTAL,
VARIATION ON A GIVEN PLANT MATERIAL

• 63
Marie-Alice Sinatti
A.F.E. Paris - France
Spathiphyllum *(Araceae)* - Cynara scolymus *(Asteraceae)*

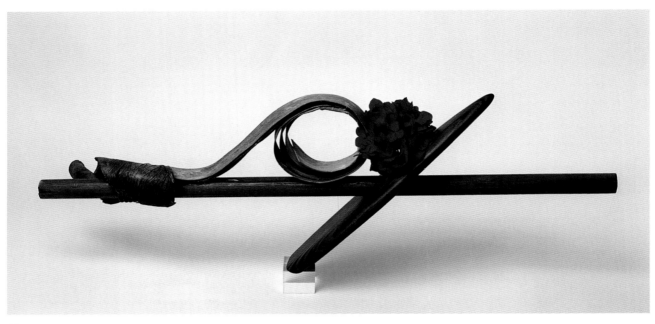

64

VARIATION SUR L'ABSTRAIT,
VARIATION ON AN ABSTRACT DESIGN

• 64
Christiane Herbiet
Atelier d'Art Floral de Malmaison - France
Hydrangea macrophylla *(Hydrangeaceae)*

• 65
Christiane Herbiet
Atelier d'Art Floral de Malmaison - France
Dendranthema *(Asteraceae)*

65

VARIATION SUR L'ABSTRAIT,
VARIATION ON AN ABSTRACT DESIGN

• 66
Christiane Herbiet
Atelier d'Art Floral de Malmaison – France
Ficus carica *(Moraceae)*

66

VARIATION SUR UN MÊME VASE,
VARIATION ON A SAME CONTAINER

• 67
Andrée Renouf
Art Floral de la Mue Reviers - France
Curculigo capitulata *(Hypoxidaceae)* - Delphinium *(Ranunculaceae)*

• 68
Andrée Renouf
Art Floral de la Mue Reviers - France
Dracaena fragrans *(Agavaceae)*
Euphorbia characias 'Wulfenii' *(Euphorbiaceae)*

68

VARIATION SUR UNE FLEUR BLANCHE,
VARIATION ON A WHITE FLOWER

• 69
Cathy Roulleau
A.F.E. Paris - France
Agave americana *(Agavaceae)* - Hippeastrum *(Amaryllidaceae)*
Anthurium andreanum *(Araceae)*

• 70
Danièle Espinasse
A.F.E. Paris - France
Arista confusa *(Iridaceae)* - Paeonia suffruticosa 'Genioraku' *(Paeoniaceae)*

71

72

VARIATION SUR TRANSPARENCE, *VARIATION ON TRANSPARENCY*

● 71
Cathy Roulleau
A.F.E. Paris - France
Aristea confusa *(Iridaceae)*
Xanthorrhoea australis *(Xanthorrhoeaceae)*
Elettaria *(Zingiberaceae)*

● 72
Cathy Roulleau
A.F.E. Paris - France
Xanthorrhoea australis *(Xanthorrhoeaceae)*
Lathyrus odoratus *(Fabaceae)*

73

VARIATION SUR UN MÊME VASE
VARIATION ON A SAME CONTAINER

• 73
Jacqueline Bogrand
A.F.E. Paris - France
Aristea confusa *(Iridaceae)* - Hippeastrum *(Amaryllidaceae)*
Anthurium crystallinum *(Araceae)*
• 74
Cathy Roulleau
A.F.E. Paris - France
Hippeastrum *(Amaryllidaceae)* - Anemone coronaria *(Ranunculaceae)*

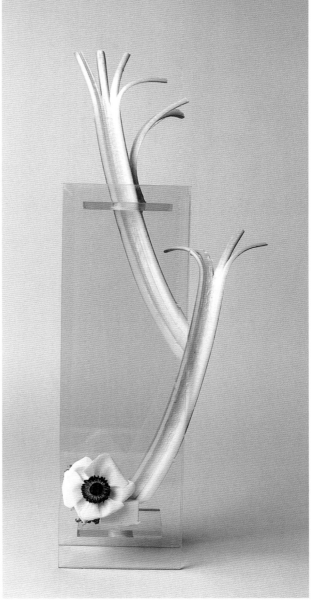

74

VARIATION SUR UN VÉGÉTAL,
VARIATION ON A GIVEN PLANT MATERIAL

• 75
Franca Lavagna
S.I.A.F. Savona - Italie
Photo : Polleri
Agave *(Agavaceae)*

• 76
Milena Allerto
S.I.A.F. - Italie
Photo : Polleri
Agave *(Agavaceae)*

75

76

VARIATION SUR UN VÉGÉTAL,
VARIATION ON A GIVEN PLANT MATERIAL

• 77
Jacqueline Bogrand
A.F.E. Paris - France
Zantedeschia aethiopica *(Araceae)*
Nelumbo nucifera *(Nelumbonaceae)*

• 78
Colette de Glasyer
A.F.E. Paris - France
Agave americana *(Agavaceae)*
Nelumbo nucifera *(Nelumbonaceae)*
Anthurium andreanum *(Araceae)*
Asparagus myriocladus *(Asparagaceae)*

77

78

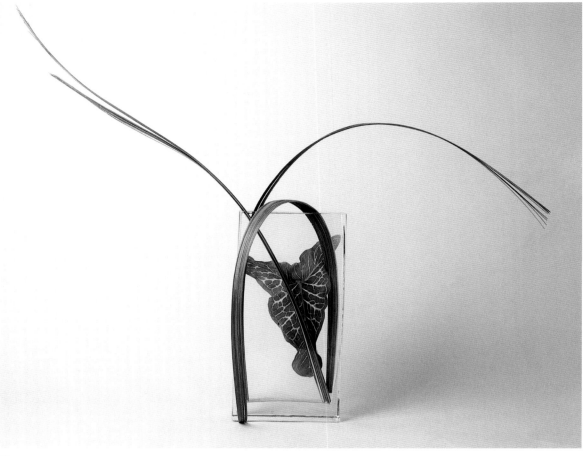

79

VARIATION SUR LIGNES,
VARIATION ON LINES

• 79
Cathy Roulleau
A.F.E. Paris - France
Xanthorrhoea australis *(Xanthorrhoeaceae)*
Arum italicum 'Pictum' *(Araceae)*

• 80
Cathy Roulleau
A.F.E. Paris - France
Calathea insignis *(Marantaceae)*
Eucharis amazonica *(Amaryllidaceae)*

80

81

VARIATION SUR LIGNES, *VARIATION ON LINES*

• 81
Cathy Roulleau
A.F.E. Paris - France
Cocos nucifera *(Arecaceae)* - Zantedeschia aethiopica *(Araceae)*
Nelumbo nucifera *(Nelumbonaceae)*

82

83

VARIATION SUR UN VÉGÉTAL, *VARIATION ON A GIVEN PLANT MATERIAL*

• 82
Giusy Ferrari Cielo
I.I.D.F.A.- E.D.F.A. Brescia - Italie
Photo : Tiziana Arici - Brescia
Phormium tenax *(Phormiaceae)*
Anthurium andreanum *(Araceae)*

• 83
Midra Del Grande
I.I.D.F.A.- E.D.F.A. Bergamo - Italie
Photo : Ramiro Rosolani - Genova
Anthurium andreanum *(Araceae)*

84

VARIATION SUR UN VÉGÉTAL, VARIATION ON A GIVEN PLANT MATERIAL

• 84
Nicola Sordi
I.I.D.F.A. - E.D.F.A. Milano - Italie
Photo : Paolo Bernardi - Milano
Anthurium andreanum *(Araceae)* - Chlorophytum comosum *(liliaceae)*

85

VARIATION SUR DUO, *VARIATION ON TWO CONTAINERS*

● 85
Jacqueline Bogrand
A.F.E. Paris - France
Aristea confusa *(Iridaceae)*
Paeonia suffruticosa 'Genioraku' *(Paeoniaceae)*

86

VARIATION SUR DUO, *VARIATION ON TWO CONTAINERS*

• 86
Jacqueline Bogrand
A.F.E. Paris - France
Xanthorrhoea australis *(Xanthorrhoeaceae)*
Nelumbo nucifera *(Nelumbonaceae)* - Aristea confusa *(Iridaceae)*

87   88

VARIATION SUR UN VÉGÉTAL,
VARIATION ON A GIVEN PLANT MATERIAL

• 87
Jacqueline Bogrand
A.F.E. Paris - France
Dracaena fragrans *(Dracaenaceae)* - Allium giganteum *(Alliaceae)*

• 88
Françoise Laurencin
A.F.E. Paris - France
Allium giganteum *(Alliaceae)* - Asparagus densiflorus 'Meyeri' *(Asparagaceae)*
Hedera canariensis 'Gloire de Marengo' *(Araliaceae)*

VARIATION SUR UN VÉGÉTAL,
VARIATION ON A GIVEN PLANT MATERIAL

• 89
Cathy Roulleau
A.F.E. Paris – France
Allium giganteum *(Alliaceae)*
Yucca gloriosa *(Agavaceae)*

89

90

VARIATION SUR UN MÊME VASE, VARIATION ON A SAME CONTAINER

• 90
Monique Gautier
E.F.D.F Paris – France
Kalanchoe beharensis *(Crassulaceae)* - Phalaenopsis *(Orchidaceae)*

91

VARIATION SUR UN MÊME VASE,
VARIATION ON A SAME CONTAINER

• 91
Colette Bel
Fleur Evasion Rexpoëde - France
Salix viminalis *(Salicaceae)* - Iris germanica *(Iridaceae)*

• 92
Monique Gautier
E.F.D.F Paris - France
Vanda *(Orchidaceae)* - Phalaenopsis *(Orchidaceae)*
Pieris japonica *(Ericaceae)*

92

VARIATION SUR JEU DE FEUILLES DANS UN MÊME VASE,
VARIATION LEAVES SETTING ON THE SAME CONTAINER

- 93
Marie–Odile Courtot
A.F.E. Paris - France
Anthurium andreanum *(Araceae)*

- 94
Danièle Espinasse
A.F.E Paris - France
Phormium tenax *(Phormiaceae)*

93

94

95

VARIATION SUR JEU DE FEUILLES DANS UN MÊME VASE,
VARIATION LEAVES SETTING ON THE SAME CONTAINER

• 95
Danièle Espinasse
A.F.E. Paris – France
Papaver somniferum *(Papaveraceae)* – Prunus laurocerasus *(Rosaceae)*
Asparagus myriocladus *(Asparagaceae)*

96

VARIATION SUR UN TRIANGLE, *VARIATION ON A TRIANGLE*

• 96
Liliane Labarrière
Art et Bouquets d'Avranches - France
Carludovica palmata *(Cyclanthaceae)* - Agave americana *(Agavaceae)*

• 97
Isabelle Petitpont
A.F.E. Paris - France
Curculigo capitulata *(Hypoxidaceae)* - Papaver nudicaule *(Papaveraceae)*

97

98

VARIATION SUR UN TRIANGLE, *VARIATION ON A TRIANGLE*

• 98
Raymonde Sauce
Bouquets d'Occitanie Revel - France
Photo : Luc Sandra - Revel
Anthurium andreanum *(Araceae)* - Dianthus caryophyllus *(Caryophyllaceae)*
Philodendron 'Xanadu' *(Araceae)* - Pandanus sanderi *(Pandanaceae)*

99

VARIATION SUR UN VÉGÉTAL, *VARIATION ON A GIVEN PLANT MATERIAL*

● 99
Christine Thivilliers
Ecole Florale de Cannes - France
Scirpus lacustris *(Cyperaceae)* - Heliantus annuus *(Asteraceae)*

101

100

VARIATION SUR UN VÉGÉTAL,
VARIATION ON A GIVEN PLANT MATERIAL

● 100
Christine Thivilliers
Ecole Florale de Cannes - France
Scirpus lacustris, *(Cyperaceae)*
Anthurium andreanum *(Araceae)*

● 101
France-Lise Labatut
Garden Club de Nice - France
Scirpus lacustris *(Cyperaceae)*
Anthurium andreanum *(Araceae)*
Aspidistra eliator *(Liliaceae)*

102

103

VARIATION SUR LIGNES, *VARIATION ON LINES*

• 102
Jacqueline Bogrand
A.F.E. Paris - France
Phœnix canariensis *(Arecaceae)* - Livistona chinensis *(Arecaceae)*
Papaver orientale *(Papaveraceae)*

• 103
Jeanne Mévil-Blanche
A.F.E. Paris - France
Aristea confusa *(Iridaceae)* - Dahlia *(Asteraceae)*

VARIATION SUR LIGNES,
VARIATION ON LINES

• 104
Monique Gautier
E.F.D.F Paris - France
Papaver orientale *(Papaveraceae)*

104

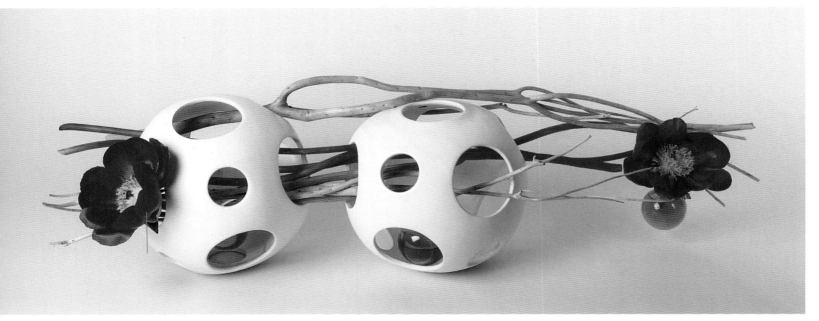

106

VARIATION SUR VOLUTES, *VARIATION ON CURLS*

• 105
Catherine Crouzet
Fleurs et feuillages Lyon - France
Edgeworthia papyrifera *(Thymelacaceae)* - Paeonia *(Paeoniaceae)*

• 106
Catherine Crouzet
Fleurs et feuillages Lyon - France
Calamus rotang *(Arecaceae)* - Cordyline australis *(Agavaceae)*
Gerbera jamesonii, *(Asteraceae)*

107

VARIATION SUR VOLUTES, *VARIATION ON CURLS*

• 107

Marie Elizabeth Salvagnac
Bouquets d'Occitanie Revel - France
Photo : Luc Sandra Revel
Ranunculus asiaticus *(Ranunculaceae)* - Anemone coronaria *(Ranunculaceae)*
Anthurium andreanum *(Araceae)* - cosses

108

VARIATION SUR UN MÊME VASE, *VARIATION ON A SAME CONTAINER*

● 108
Monique Larher
A.F.E. Paris – France
Calamus rotang *(Arecaceae)* – Rosa *(Rosaceae)*
Dianthus plumarius *(Caryophyllaceae)*

109

VARIATION SUR UN MÊME VASE, *VARIATION ON A SAME CONTAINER*

• 109
Monique Larher
A.F.E. Paris - France
Begonia rex *(Begoniaceae)* - Schinus molle *(Anacardiaceae)*
Cordyline australis *(Agavaceae)* - Zantedeschia aethiopica *(Araceae)*
Celosia cristata *(Amaranthaceae)*

110

VARIATION SUR VÉGÉTAUX EXOTIQUES,
VARIATION ON TROPICAL PLANT MATERIAL

• 110
Jacqueline Nataf
E.F.D.F Paris – France
Latania lontaroides *(Arecaceae)*
Bixa orellana (Bixaceae)
Anthurium andreanum *(Araceae)*

• 111
Jacqueline Nataf
E.F.D.F Paris – France
Livistona chinensis *(Arecaceae)*
Zantedeschia aethiopica *(Araceae)*
Malus pumila *(Rosaceae)* - Musa babisiana *(Musaceae)*
Citrus aurantifolia *(Rutaceae)*
Ipomea batatas *(Convolvulaceae)*

111

112

113

VARIATION SUR VÉGÉTAUX EXOTIQUES, *VARIATION ON TROPICAL PLANT MATERIAL*

• 112
Monique Gautier
E.F.D.F Paris - France
Opuntia ficus-indica *(Cactaceae)* - Zantedeschia aethiopica *(Araceae)*
Heliconia wagneriana *(Heliconiaceae)* - Citrus reticulata 'Clementine' *(Rutaceae)*

• 113
Monique Gautier
E.F.D.F Paris - France
Agave americana *(Agavaceae)* - Opuntia ficus-indica *(Cactaceae)*

115

VARIATION SUR UN MÊME VASE,
VARIATION ON A SAME CONTAINER

• 114
Danièle Espinasse
A.F.E. Paris - France
Curculigo capitulata *(Hypoxidaceae)*
Brassica oleracea *(Brassicaceae)*

• 115
Colette Séguin
Atelier d'Art Floral de Malmaison - France
Asplenium nidus *(Aspleniaceae)*
Molucella laevis *(Labiatae)*

114

116

VARIATION SUR UN MÊME VASE, *VARIATION ON A SAME CONTAINER*

• 116
Jacqueline Bogrand
A.F.E. Paris - France
Curculigo capitulata *(Hypoxidaceae)* - Helianthus annuus *(Asteraceae)*

117

118

VARIATION SUR LIGNES DIAGONALES,
VARIATION ON DIAGONALS

• 117
Marie-Alice Sinatti
A.F.E. Paris - France
Cyperus alternifolius *(Cyperaceae)* - Aspidistra eliator *(Convallariaceae)*

• 118
Marie-Odile Courtot
A.F.E. Paris - France
Yucca gloriosa *(Agavaceae)* - Agave americana *(Agavaceae)*

120

VARIATION SUR LIGNES DIAGONALES, *VARIATION ON DIAGONALS*

• 119
Régine Hégron–Février
Floramy Nantes - France
Curculigo capitulata *(Hypoxidaceae)*
Hydrangea macrophylla *(Hydrangeaceae)*

• 120
Régine Hégron–Février
Floramy Nantes - France
Curculigo capitulata *(Hypoxidaceae)*

119

122

VARIATION SUR UN VÉGÉTAL,
VARIATION ON A GIVEN PLANT MATERIAL

• 121
Monique Gautier
E.F.D.F Paris - France
Viola *(Violaceae)* - Fritillaria imperialis *(Liliaceae)*
• 122
Monique Gautier
E.F.D.F Paris - France
Fritillaria imperialis *(Liliaceae)* - Phalaenopsis *(Orchidaceae)*

121

123

VARIATION SUR VASE RECTANGULAIRE,
VARIATION ON A RECTANGLE CONTAINER

• 123
Cathy Roulleau
A.F.E. Paris - France
Calamus rotang, *(Arecaceae)*
Leucospermum cordifolium *(Proteaceae)*
Skimmia japonica *(Rutaceae)*

• 124
Maguy Kerspern
A.F.E. Paris - France
Iris pseudacorus *(Iridaceae)*
Hedera hybride *(Araliaceae)*
Viola *(Violaceae)*
Sagina subulata *(Caryophyllaceae)*

• 125
Maguy Kerspern
A.F.E. Paris - France
Acer japonicum *(Aceraceae)* - Viola *(Violaceae)*

124

125

126

VARIATION SUR UN VÉGÉTAL, *VARIATION ON A GIVEN PLANT MATERIAL*

• 126
Marie-Odile Courtot
A.F.E. Paris - France
Equisetum hyemale *(Equisetaceae)* - Euphorbia pulcherrima *(Euphorbiaceae)*

127

VARIATION SUR UN VÉGÉTAL, *VARIATION ON A GIVEN PLANT MATERIAL*

• 127
Penny Horne
The Flower Arranging Study Group
of The Garden Club of America - U.S.A
Photo : Tiffany and Tony Anzelmo - Chicago
Equisetum hyemale *(Equisetaceae)* - Musa acuminata *(Musaceae)*

128

VARIATION SUR UN MÊME VASE,
VARIATION ON A SAME CONTAINER

• 128
Daniela d'Auria
S.I.A.F. Bologna - Italie
Photo : Antonella Foto Kronos
Phormium tenax *(Phormiaceae)*
Papaver orientale *(Papaveraceae)*
Nelumbo *(Nelumbonaceae)*
Rosa 'Avalanche' *(Rosaceae)*
Asclepias syriaca *(Asclepiadaceae)*
Monstera deliciosa *(Araceae)*

• 129
Elisabetta Galli-Pincherle
S.I.A.F Bologna - Italie
Photo : Antonella Foto Kronos
Eustoma grandiflorum *(Gentianaceae)*
Papaver orientale *(Papaveraceae)*
Curculigo capitulata *(Hypoxidaceae)*

129

130

VARIATION SUR UN MÊME VASE,
VARIATION ON A SAME CONTAINER

• 130
Maria Viola Maori
S.I.A.F. Perugia - Italie
Photo : Studio Fotografico "Iris Color Perugia"
Cucurbita maxima *(Cucurbitaceae)* - Rosa 'Simpatia' *(Rosaceae)*
Hydrangea arborescens 'Grandiflora' *(Hydrangeaceae)*

• 131
Elizabetta Grimaccia
S.I.A.F. Perugia - Italie
Photo : Studio Fotografico "Iris Color Perugia"
Gentiana *(Gentianaceae)* - Passiflora caerulea *(Passifloraceae)*
Hydrangea arborescens 'Annabelle' *(Hydrangeaceae)*
Hosta sieboldiana *(Hostaceae)* - Iris japonica, *(Iridaceae)*

131

132

133

VARIATION SUR UN VÉGÉTAL, *VARIATION ON A GIVEN PLANT MATERIAL*

• 132
Cathy Roulleau
A.F.E. Paris - France
Cyperus alternifolius *(Cyperaceae)* - Dracaena fragrans *(Dracaenaceae)*
Helianthus annuus *(Asteraceae)*

• 133
Marie-France Chatelus
Fleurs et feuillages Lyon - France
Cordyline *(Agavaceae)* - Aristea confusa *(Iridaceae)*
Magnolia grandiflora *(Magnoliaceae)* - Theobroma cacao *(Sterculiaceae)*
Gleditsia triacanthos *(Caesalpiniaceae)* - Helianthus annuus *(Asteraceae)*

VARIATION SUR L'ACCESSOIRE :
LA BOULE, VARIATION ON AN ACCESSORY : A BALL

• 134
Hannelore Billat
A.F.E. Paris - France
Gerbera jamesonii *(Asteraceae)*

• 135
Hannelore Billat
A.F.E. Paris - France
Cocos nucifera *(Arecaceae)* - Physalis franchetii *(Solanaceae)*

135

134

136

VARIATION SUR ÉLÉMENTS SÉCHÉS,
VARIATION ON DRIED PLANT MATERIAL

• 136
Hélène Coste
A.F.E. Paris - France
Vitis vinifera *(Vitaceae)* - Aristea confusa *(Iridaceae)*
Zantedeschia aethiopica *(Araceae)* - Hosta *(Hostaceae)*

• 137
Hélène Coste
A.F.E. Paris - France
Salix matsudana 'Tortuosa' *(Salicaceae)*
Zantedeschia aethiopica *(Araceae)*
Bergenia cordifolia *(Saxifragaceae)*

137

138

VARIATION SUR ÉLÉMENTS SÉCHÉS, *VARIATION ON DRIED PLANT MATERIAL*

• 138
Cathy Roulleau
A.F.E. Paris – France
Agave americana *(Agavaceae)* – Aristea confusa *(Iridaceae)*

VARIATION SUR UN VÉGÉTAL,
VARIATION ON A GIVEN PLANT MATERIAL

• 139
Anne Boullet
A.F.E. Paris - France
Hydrangea macrophylla *(Hydrangeaceae)*
Zantedeschia aethiopica *(Araceae)*

• 140
Christiane Herbiet
Atelier d'Art Floral de Malmaison - France
Hosta *(Hostaceae)* - Zantedeschia aethiopica *(Araceae)*

139

141

• 141

Christiane Herbiet
Atelier d'Art Floral de Malmaison - France
Xanthorrhoea australis *(Xanthorrhoeaceae)*
Arum italicum 'Pictum' *(Araceae)*

• 142

Marie de Chambord
E.F.D.F. Paris - France
Pandanus sanderi *(Pandanaceae)*
Zantedeschia aethiopica *(Aracea)*
Cordyline australis *(Agavaceae)*
Pisum sativum *(Papilionaceae)*
Coffea arabica *(Rubiaceae)*

142

143

VARIATION SUR UN MÊME VASE, *VARIATION ON A SAME CONTAINER*

• 143
Danièle Espinasse
A.F.E. Paris - France
Anthurium andreanum *(Araceae)* - Begonia rex *(Begoniaceae)*
Papaver somniferum *(Papaveraceae)*

100

144

VARIATION SUR UN MÊME VASE, *VARIATION ON A SAME CONTAINER*

• 144
Danièle Espinasse
A.F.E. Paris - France
Aristea confusa *(Iridaceae)* - Pandanus *(Pandanaceae)*
Cucumis africanus *(Cucurbitaceae)*

145

VARIATION SUR ÉLÉMENTS NATURELS,
VARIATION ON NATURAL PLANT MATERIAL

• 145
Elisabeth Ceccarelli
Club Floral d'Antibes - France
Phoenix canariensis *(Arecaceae)*
Paeonia lactiflora *(Paeoniaceae)*
Hibbertia scandens *(Dilleniaceae)*

• 146
Ariane Boyer
Club Loisirs et Créations Chelles - France
Musa acuminata 'Dwarf Cavendish' *(Musaceae)*
Agave americana *(Agavaceae)*
Paeonia lactiflora *(Paeoniaceae)*

146

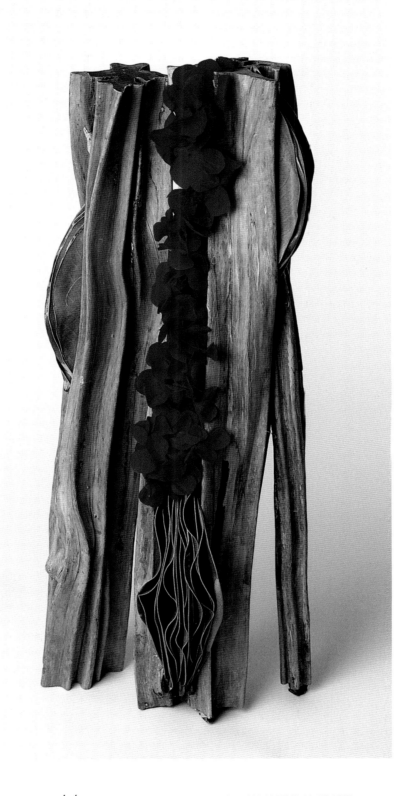

147

VARIATION SUR ÉLÉMENTS NATURELS, *VARIATION ON NATURAL PLANT
MATERIAL*

• 147
Christiane Herbiet
Atelier d'Art Floral de Malmaison - France
Hydrangea macrophylla *(Hydrangeaceae)* - Magnolia grandiflora *(Magnolicceae)*

148

VARIATION SUR TRANSPARENCE, *VARIATION ON TRANSPARENCY*

● 148
Sylvie Plays
E.F.D.F Paris - France
Anemone coronaria *(Ranunculaceae)* - Ilex *(Aquifoliaceae)*
● 149
Sylvie Plays
E.F.D.F Paris - France
Anemone coronaria *(Ranunculaceae)*

149

150

VARIATION SUR TRANSPARENCE, *VARIATION ON TRANSPARENCY*

• 150
Sylvie Plays
E.F.D.F Paris - France
Cordyline terminalis 'Tropica' - Anemone coronaria *(Ranunculaceae)*

151

VARIATION SUR UN MÊME VASE,
VARIATION ON A SAME CONTAINER

• 151
Monique Gautier
E.F.D.F Paris - France
Calamus rotang (Arecaceae) - Tulipa *(Liliaceae)*

• 152
Monique Gautier
E.F.D.F Paris - France
Dracaena fragrans *(Dracaenaceae)* - Daucus carota *(Apiaceae)*

152

154

VARIATION SUR UN MÊME VASE
VARIATION ON A SAME CONTAINER

• 153
Rita Tua
Flos Club Sanremo - Italie
Photo : Roberto Coggiola
Phoenix dactylifera *(Palmea)* - Musa *(Musaceae)*
Lilium longiflorum *(Liliaceae)*

• 154
Rita Tua
Flos Club Sanremo - Italie
Photo : Roberto Coggiola
Musa *(Musaceae)* - Zantedeschia *(Araceae)*

153

155

VARIATION SUR VASE MÉTAL,
VARIATION ON A STEEL CONTAINER

• 155
Danièle Espinasse
A.F.E. Paris - France
Cucumis dipsaceus *(Cucurbitaceae)*

• 156
Nhung Nguyen-Duy
A.F.E. Paris - France
Aristea confusa *(Iridaceae)* - Livistona chinensis *(Arecaceae)*
Nelumbo nucifera *(Nelumbonaceae)*

• 157
Isabelle Petitpont
A.F.E. Paris - France
Aristea confusa *(Iridaceae)* - Molucella laevis *(Labiatae)*
Hydrangea macrophylla *(Hydrangeaceae)*

156

157

158

159

VARIATION SUR VASES EN MÉTAL, *VARIATION ON STEEL CONTAINERS*

• 158
Sylvie Plays
E.F.D.F Paris - France
Xanthorrhoea australis *(Xanthorrhoeaceae)* - Hydrangea macrophylla *(Hydrangeaceae)*

• 159
Sylvie Plays
E.F.D.F Paris - France
Phormium tenax *(Phormiaceae)* - Hydrangea macrophylla *(Hydrangeaceae)*

160

161

VARIATION SUR DÉCOR DE TABLE, *VARIATION ON A TABLE DECORATION*

• 160
Sylvie Plays
E.F.D.F Paris - France
Xanthorrhoea australis *(Xanthorrhoeaceae)* - Kalanchoe beharensis *(Crassulaceae)*
Paeonia lactifolia *(Paeoniaceae)*

• 161
Cathy Roulleau
A.F.E. Paris - France
Agapanthus *(Alliaceae)* - Carludovica palmata *(Cyclanthaceae)*
Aristea confusa *(Iridaceae)*

162

VARIATION SUR DÉCOR DE TABLE, *VARIATION ON A TABLE DECORATION*

• 162
Cathy Roulleau
A.F.E. Paris - France
Cyperus alternifolius *(Cyperaceae)* - Anthurium andreanum *(Araceae)*
Eucharis amazonica *(Amaryllidaceae)*

163

VARIATION SUR UN MÊME VASE, *VARIATION ON A SAME CONTAINER*

● 163
Monique Gimenez
Bouquets d'Occitanie Revel - France
Cyathea *(Cyatheaceae)* - Iris germanica *(Iridaceae)* - Phalaenopsis *(Orchidaceae)*

164

VARIATION SUR UN MÊME VASE, *VARIATION ON A SAME CONTAINER*

• 164
Monique Gimenez
Bouquets d'Occitanie Revel - France
Xanthorrhoea australis *(Xanthorrhoeaceae)* - Celosia cristata *(Amaranthaceae)*
Farfugium japonicum *(Asteraceae)*

165

VARIATION SUR UN MÊME VASE, *VARIATION ON A SAME CONTAINER*

• 165
Jeanne Mévil-Blanche
A.F.E. Paris - France
Iris pseudacorus *(Iridaceae)* - Narcissus *(Amaryllidaceae)*

166

VARIATION SUR UN MÊME VASE,
VARIATION ON A SAME CONTAINER

• 166
Jeanne Mévil-Blanche
A.F.E. Paris - France
Cotinus coggygria *(Anacardiaceae)*
Iris germanica (Iridaceae)
Dahlia *(Asteraceae)*

• 167
Danièle Espinasse
A.F.E. Paris - France
Monstera deliciosa *(Araceae)* - Malus pumila
(Rosaceae)

167

168

VARIATION SUR FORME GÉOMÉTRIQUE,
VARIATION ON A GEOMETRIC SHAPE

• 168
Cathy Roulleau
A.F.E. Paris - France
Cyperus papyrus *(Cyperaceae)* - Skimmia

169

VARIATION SUR FORME GÉOMÉTRIQUE,
VARIATION ON A GEOMETRIC SHAPE

• 169
Cathy Roulleau
A.F.E. Paris - France
Cyperus alternifolius *(Cyperaceae)* - Skimmia

A.F.E :   Académie Florale Européenne

E.D.F.A : Ente Decorazione Floreale per Amatori

E.F.D.F : Ecole Française de Décoration Florale

I.I.D.F.A : Instituto Italiano Decorazione Floreale per Amatori

S.I.A.F : Scuola Italiana Arte Floreale

Participants/*Contributors*

ALLERTO	*Millena*	S.I.A.F – *Italie*
BARBAGLIA	*Anna et Carla*	I.I.D.F.A - E.D.F.A Imperia Savona - *Italie*
BEL	*Colette*	Fleur Evasion - 21 rue des Frères Neuville - *59122 Rexpoëde*
BILLAT	*Hannelore*	Académie Florale Européenne - 29 boulevard Suchet - *75016 Paris*
BOGRAND	*Jacqueline*	Académie Florale Européenne - 29 boulevard Suchet - *75016 Paris*
BOULLET	*Anne*	Académie Florale Européenne - 29 boulevard Suchet - *75016 Paris*
BOYER	*Ariane*	Club Loisirs et Créations - 10 rue Saint Hubert - *77500 Chelles*
CAJELLO	*Rosnella*	I.I.D.F.A - E.D.F.A Sanremo - *Italie*
CALCAGNO	*Erina*	I.I.D.F.A - E.D.F.A Sanremo - *Italie*
CHATELUS	*Marie-France*	Art, Fleurs et Feuillages - 71 Côte de Genevray - *69250 Curis au Mont d'Or*
CECCARELLI	*Elisabeth*	Club Floral d'Antibes - 2 avenue des Palmiers - *06400 Cannes*
COSTE	*Hélène*	Académie Florale Européenne - 29 boulevard Suchet - *75016 Paris*
COURTOT	*Marie-Odile*	Académie Florale Européenne - 29 boulevard Suchet - *75016 Paris*
CROUZET	*Catherine*	Art, Fleurs et Feuillages - 71 Côte de Genevray - *69250 Curis au Mont d'Or*
D'AURIA	*Daniela*	S.I.A.F Bologna - *Italie*
DE CHAMBORD	*Marie*	Ecole Française de Décoration Florale - 8 rue du Général Bertrand - *75007 Paris*
DE GLASYER	*Colette*	Académie Florale Européenne - 29 boulevard Suchet - *75016 Paris*
DEL GRANDE	*Midra*	I.I.D.F.A - E.D.F.A Bergamo - *Italie*
ENEL	*Michèle*	Atelier d'Art Floral de Mougins - 24 chemin de Provence – *06250 Mougins*
ESPINASSE	*Danièle*	Académie Florale Européenne - 29 boulevard Suchet - *75016 Paris*
FERRARI CIELO	*Giusy*	I.I.D.F.A - E.D.F.A Brescia - *Italie*
FROIDBISE	*Paulette*	*Belgique*
GALLI	*Dedi*	S.I.A.F Milano - *Italie*
GALLI PINCHERLE	*Elisabetta*	S.I.A.F Bologna - *Italie*
GARIBALDI	*Anna*	I.I.D.F.A - E.D.F.A Imperia Savona - *Italie*
GAUTIER	*Monique*	Ecole Française de Décoration Florale - 8 rue du Général Bertrand - *75007 Paris*
GIAVOTTO	*Mariella*	I.I.D.F.A - E.D.F.A Genova - *Italie*
GIMENEZ	*Monique*	Bouquets d'Occitanie - Le Pavillon - Saint-Ferréol - *31250 Revel*
GRIMACCIA	*Elizabetta*	S.I.A.F Perugia - *Italie*
HÉGRON-FÉVRIER	*Régine*	Floramy Art Floral Bouguenais - Domaine des Hauts Prés - 4 rue des Draps d'Or - *44120 Vertou*
HERBIET	*Christiane*	Atelier d'Art Floral de Malmaison - 8 rue des Platanes - *92500 Rueil-Malmaison*
HORNE	*Penny*	The Flower Arranging Study Group of the Garden Club of America - *U.S.A*
INGELAERE	*Mit*	Lembeke - *Belgique*
KERSPERN	*Maguy*	Académie Florale Européenne - 29 boulevard Suchet - *75016 Paris*
LABARRIÈRE	*Liliane*	Art et Bouquets d'Avranches - 7 rue du Thor - *50320 La Haye Pesnel*
LABATUT	*France-Lise*	Garden Club de Nice - 9 rue Scabiero - *06300 Nice*
LARHER	*Monique*	Académie Florale Européenne - 29 boulevard Suchet - *75016 Paris*
LAURENCIN	*Françoise*	Académie Florale Européenne - 29 boulevard Suchet - *75016 Paris*
LAVAGNA	*Franca*	S.I.A.F Savona - *Italie*
MAORI	*Maria Viola*	S.I.A.F Perugia - *Italie*
MARSANO	*Loly*	I.I.D.F.A - E.D.F.A Genova - *Italie*
MASERA	*Maria*	S.I.A.F Milano - *Italie*
MATSUDA DOUIEB	*Shigeko*	Ecole Française de Décoration Florale - 8 rue du Général Bertrand - *75007 Paris*
MÉVIL-BLANCHE	*Jeanne*	Académie Florale Européenne - 29 boulevard Suchet - *75016 Paris*
NATAF	*Jacqueline*	Ecole Française de Décoration Florale - 8 rue du Général Bertrand - *75007 Paris*
NEGRO	*Renata*	I.I.D.F.A - E.D.F.A Sanremo - *Italie*
NOYELLE	*Bénédicte*	Cub d'Art Floral, Société d'horticulture de Mâcon - 29 rue Gambetta - *71000 Mâcon*
NGUYEN-DUY	*Nhung*	Académie Florale Européenne - 29 boulevard Suchet - *75016 Paris*
PETITPONT	*Isabelle*	Académie Florale Européenne - 29 boulevard Suchet - *75016 Paris*
PLAYS	*Sylvie*	Ecole Française de Décoration Florale - 8 rue du Général Bertrand - *75007 Paris*
REBAUDI	*Gin*	I.I.D.F.A - E.D.F.A Genova - *Italie*
RENOUF	*Andrée*	Art Floral de la Mue - 9 rue de l'Eglise - *14470 Reviers*
ROULLEAU	*Cathy*	Académie Florale Européenne - 29 boulevard Suchet - *75016 Paris*
SALVAGNAC	*Marie-Elizabeth*	Bouquets d'Occitanie - Le Pavillon - Saint-Ferréol - *31250 Revel*
SALVO	*Alessandra*	I.I.D.F.A - E.D.F.A Imperia Savona - *Italie*
SAUCE	*Raymonde*	Bouquets d'Occitanie - Le Pavillon - Saint-Ferréol - *31250 Revel*
SÉGUIN	*Colette*	Atelier d'Art Floral de Malmaison - 8 rue des Platanes - *92500 Rueil-Malmaison*
SICHET	*Colette*	Atelier d'Art Floral de Malmaison - 8 rue des Platanes - *92500 Rueil-Malmaison*
SINATTI	*Marie-Alice*	Académie Florale Européenne - 29 boulevard Suchet - *75016 Paris*
SOL	*Christine*	Floramy Art Floral Bouguenais - Domaine des Hauts Prés - 4 rue des Draps d'Or - *44120 Vertou*
SORDI	*Nicola*	I.I.D.F.A - E.D.F.A Milano - *Italie*
THIVILLIERS	*Christine*	Ecole Florale de Cannes - 4 Allée Saint Rose - *06400 Cannes*
TRUCCO	*Anna*	Genova - *Italie*
TUA	*Rita*	Flos Club de Sanremo - *Italie*
VUILLET	*Jocelyne*	Club Althea Rosea - 18 avenue Pierre Farigoule - *43700 Brives Charensac*
WALTON MASTERS	*Christa*	Académie Florale Européenne - 29 boulevard Suchet - *75016 Paris*
WAUTELET	*Francine*	Hannut - *Belgique*

REMERCIEMENTS
Remerciements à tous les membres du Conseil d'Administration de l'A.F.E.
qui ont contribué à la réalisation de ce premier ouvrage
et à Madame Catherine CORMERY.

THANKS
Acknowledgements to the board members of the European Floral Academy,
who contributed to the achievement of this first issue
and Mrs Catherine CORMERY.

Académie Florale Européenne
European Floral Academy

29, boulevard Suchet - 75016 Paris - Tél. : 01.42.88.16.54 - Fax : 01.45.24.23.78
E.mail : a-f-e@tiscali.fr
Site internet : http://a-f-e.chez.tiscali.fr

ÉDITIONS CONNAISSANCE ET MÉMOIRES
83, boulevard Saint Michel - 75005 PARIS - Tél. : 01.43.25.99.14 - Fax : 01.43.25.89.08